MÄNNER
AM GRILL!

IMPRESSUM

HEEL Verlag GmbH
Gut Pottscheidt
53639 Königswinter
Tel.: 02223 9230-0
Fax: 02223 9230-13
E-Mail: info@heel-verlag.de
Internet: www.heel-verlag.de

Folgt gerne auch dem Heel Verlag unter:

www.instagram.com/heelverlag

www.facebook.com/heelverlag

www.youtube.com/heelverlag

@heelverlag

Coverfoto: © fotolia, venge
Fotos: Volker Debus
© fotolia: Konstantin (S. 4–8, 10,11, 64, 65, 86, 87, 112, 113, 125, 128), Yaruniv-Studio (S. 113), Sunny Forest (S. 127)
Projektleitung: Christine Birnbaum
Gestaltung: Christine Mertens

Printed in Czech Republic

ISBN 978-3-96664-747-2

OLIVER SIEVERS

MÄNNER

DAS BUCH, DAS MANN BRAUCHT!

AM GRILL

FOTOS VOLKER DEBUS

HEEL

INHALT

DUTCH OVEN

WÜRSTCHEN

WAS SONST NOCH LECKER IST

BEILAGEN

SAUCEN & DIPS

RUBS

Wenn nicht anders vermerkt, sind die Rezepte für 4 Personen berechnet.

Hochwertige Zutaten sorgen für ein leckeres Ergebnis mit „Wow-Effekt“.

Das Schönste beim Grillen ist die gemeinsame Zeit, die man mit Familie und Freunden verbringt.

Mein Strohhut ist ungewollt zu meinem Markenzeichen geworden, zuerst nur „Ersatzfrisur“ – jetzt ständiger Begleiter.

MÄNNER AM GRILL!

Manchmal reichen ein Lagerfeuer und ein Stück Fleisch schon für eine gute Show und ein leckeres Essen.

Nachhaltigkeit und Qualität der Brennstoffe spielen heute eine wichtige Rolle.

Grillen pur – Fleisch und offenes Feuer, mehr braucht es manchmal nicht.

THE

MÄNNER AM GRILL!

So oft, wie es für mich und mein Team der BBQ Wiesel in den letzten Jahren ein „erstes Mal“ gab, musste ich es einfach tun ... und ich hab es getan. Vor euch liegt mein erstes Buch. Männer am Grill. Den ersten großen Erfolg verzeichneten wir mit den Wieseln mit dem Gewinn der Deutschen Grillmeisterschaft 2014, damals noch in der Amateurklasse. Es folgten die ersten Einladungen zu namhaften amerikanischen Meisterschaften wie dem American Royal, den Jack Daniels BBQ World Championships und den World Food Championships. Es ist nicht mal zwei Jahre her, da wurden wir in Limerick, Irland, zum ersten Mal BBQ Weltmeister, ein Jahr später dann vielleicht einer der schönsten Erfolge: World BBQ Champion bei den World Food Championships in Alabama. Das alles, man merkt es schon, ist nur noch bedingt steigerungsfähig ... und da kam dann die Idee mit dem ersten Buch.

So oft und gerne wir zu mehrwöchigen Wettkampf-Reisen in die USA unterwegs sind, verwundert es sicherlich nicht, dass sehr viel Inspiration zu meinen Rezepten aus dem Mutterland des BBQs kommt. Aber keine Sorge, die Adaption trägt immer auch dem deutschen Gaumen Rechnung.

Und wie der Titel verheißen lässt, geht es vielleicht hier und da ein bisschen robuster und archaischer her bei der Zubereitung, wird der Focus mehr auf den Protagonisten Fleisch als auf Beilagen und Dekoration gelegt.

Lasst euch einfach überraschen, inspirieren und probiert einfach aus. Entspannte und spannende, aber immer genussvolle Stunden am Grill wünscht euch

OLIVER SIEVERS

BIG MEATS

12-26

BRISKET HOT & FAST

EIN BRISKET IN DER GRÖSSE REICHT FÜR 15 PERSONEN

ZUTATEN

1 Full Packer Brisket, ca. 5 kg (Ein Brisket besteht aus zwei Muskeln, Flat & Point, beides zusammen ist ein Full Packer)
120 g BBQ-Rub für Beef (z. B. Wiesel Magic Beef von Ankerkraut)
100 ml Rinderfond
Räucherholz (z. B. Hickory oder Kirsche)

ZUBEREITUNG

Beim Kauf des Briskets sollte man darauf achten, dass es stark marmoriert und gut gereift ist, damit man ein intensives und saftiges Fleischerlebnis bekommt. Das Flat (die magere Seite) von Sehnen und Fett befreien, auf der anderen Seite (Point) die Fettschicht auf ca. ½ cm heruntertrimmen. Das Brisket dann insgesamt etwas in eine „aerodynamische“ Form zurechtschneiden, damit der heiße Airflow das Fleisch gleichmäßig garen kann.

Das Brisket von allen Seiten mit dem Rub würzen. Den Smoker auf ca. 150 °C indirekte Hitze einrichten und das Brisket mit der Fettseite nach unten auf den Rost legen. Das Räucherholz in die Glut geben und das Brisket für ca. 4 Stunden räuchern. Wer ein intensives Raucharoma mag, kann nach einer Stunde nochmal Räucherholz nachlegen. Das Brisket nach 4 Stunden vom Smoker nehmen, auf ein großes Stück Backpapier legen, mit 100 ml Rinderfond übergießen und fest in das Backpapier wickeln. Zusätzlich nochmal alles gut in 2 Lagen Alufolie wickeln, so wird das Fleisch weich, zart und saftig. Das Brisket muss jetzt nochmal für mindestens 3 Stunden bei gleicher Temperatur zurück in den Smoker. Die zu erreichende Kerntemperatur sollte bei mindestens 96 °C liegen, eher ein paar Grad mehr (mit einem geeigneten Thermometer kontrollieren). Das Brisket vom Smoker nehmen, eingepackt in eine Decke wickeln und für ca. 1 Stunde ruhen lassen. Nach dieser Ruhephase kann es ausgepackt und quer zur Faser dünn aufgeschnitten werden.

Das Rezept für die Wasabi-Mayo finden Sie auf Seite 125.

SMOKED ROASTBEEF, WASABI-MAYO

ZUTATEN ROASTBEEF

Roastbeef am Stück, pro Person ca. 250 g einplanen
BBQ-Rub für Beef (z. B. Beef Booster von Ankerkraut)

ZUBEREITUNG

Die Fettauflage mit einem scharfen Messer einschneiden, dann kann das Fett besser austreten und das Roastbeef behält seine gleichmäßige Form. Jetzt das Fleisch von allen Seiten kräftig mit dem Rub würzen.
Den Smoker oder den Grill auf ca. 110 °C indirekte Hitze einregeln und das Roastbeef auf den Rost legen. Etwas Räucherholz nach Wahl (z. B. Hickory oder Erle) in die Glut legen und das Roastbeef im Smoker belassen, bis eine Kerntemperatur von 55–58 °C (medium) erreicht ist.
Das Roastbeef herausnehmen, 10 Minuten an einem warmen Platz ruhen lassen und dünn aufschneiden. Es eignet sich auch sehr gut als kalter Aufschnitt für Sandwiches oder Platten.

DIe Rezepte für Mac & Cheese und Creamy Coleslaw finden Sie auf Seite 116 und Seite 118.

PULLED PORK, MAC & CHEESE, CREAMY COLESLAW

FÜR CA. 10 PERSONEN

ZUTATEN PULLED PORK

ca. 3 kg Schweinenacken, Schweineschulter oder ein Boston Butt (USA-Zuschnitt aus Schulter und Nacken)
BBQ-Rub (z. B. Magic Dust von Ankerkraut)
100 ml Apfelsaft
BBQ-Sauce

ZUBEREITUNG

Das Fleisch von überschüssigem Fett befreien und von allen Seiten mit dem Rub würzen. Den Grill oder Smoker auf 120 °C indirekte Hitze einrichten und das Fleisch auf den Rost legen. Räucherholz nach Wahl in die Glut geben (z. B. Apfel oder Kirsche).
3–4 Stunden smoken, für ein stärkeres Raucharoma nach einer Stunde nochmal Holz nachlegen. Das Fleisch vom Grill nehmen und auf ein großes Stück Backpapier legen. Den Apfelsaft über das Fleisch gießen und dann fest in das Backpapier wickeln. Zusätzlich möglichst stramm in 2 Lagen Alufolie einschlagen. Für weitere 3–4 Stunden in den Grill legen. Wenn eine Kerntemperatur von ca. 95 °C erreicht ist, kann das Fleisch vom Grill. Eingepackt in eine Decke wickeln und eine Stunde ruhen lassen. Danach kann das Fleisch ausgewickelt und in kleine Stücke gezupft werden. Die Flüssigkeit aus der Folie mit etwas BBQ-Sauce vermischen und wieder zum Fleisch geben.
Das fertige Pulled Pork entweder mit den vorgeschlagenen Beilagen servieren oder z. B. als Pulled-Pork-Burger anrichten.

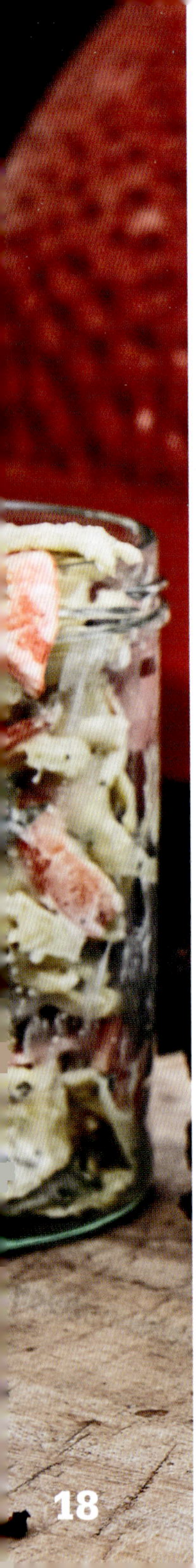

CAJUN-STYLE PORK ROAST

FÜR CA. 10 PERSONEN

ZUTATEN

ca. 3 kg Schweinenacken
50 ml Hot Sauce (z. B. Tabasco oder Sriracha)
Cajun-Rub (z. B. South West Cajun von Ankerkraut)

ZUBEREITUNG

Das Fleisch von überschüssigem Fett befreien. Erst von allen Seiten mit der Hot Sauce einreiben und danach mit dem Rub würzen. In eine Schüssel legen, mit Klarsichtfolie abdecken und für 12–24 Stunden im Kühlschrank marinieren. Den Grill auf eine indirekte Hitze von 115 °C einregeln. Das Fleisch aus der Folie nehmen und für 4–5 Stunden in den Grill legen. Die Garzeit hängt stark von der Größe des Bratens und dem Grill, bzw. Smoker ab. Wenn eine Kerntemperatur von 75 °C erreicht ist, kann der Braten vom Grill und sollte vor dem Anschneiden noch für ca. 15 Minuten an einem warmen Ort ruhen.

RIB EYE ROAST, GRÜNE BOHNEN

FÜR CA. 6–8 PERSONEN

ZUTATEN

2 kg Entrecote am Stück
10 Knoblauchzehen
Salz und Pfeffer
Olivenöl

ZUBEREITUNG

Das Entrecote außen von überschüssigem Fett befreien. Mit einem spitzen Messer in das Fleisch stechen und die Knoblauchzehen in die so entstandenen Löcher stecken. Die Zehen sollten komplett im Fleisch verschwunden sein. Dann den Braten mit Öl einreiben und kräftig mit Salz und Pfeffer würzen. Den Grill auf eine indirekte Hitze von ca. 120 °C einregeln. Den Braten indirekt im Grill platzieren und etwas Räucherholz (z. B. Erle) in die Glut legen. Den Braten bis zu einer Kerntemperatur von 56 °C smoken (medium), dann vom Grill nehmen und an einem warmen Ort ca. 20 Minuten ruhen lassen. In der Zwischenzeit den Grill auf ein direktes Grillen mit hoher Temperatur vorbereiten. Nach der Ruhephase den Braten von allen Seiten kurz, aber kräftig über der direkten Hitze anrösten. Nochmal für ca. 5 Minuten ruhen lassen, aufschneiden und servieren. Mit Salz und Pfeffer nachwürzen.

IBÉRICO FRENCH-RACK, PAPRIKAGEMÜSE

FÜR CA. 6–8 PERSONEN

ZUTATEN

1 Ibérico French-Rack ca. 2 kg
Olivenöl
Salz und Pfeffer

ZUBEREITUNG

Das Fleisch von überschüssigem Fett und Sehnen befreien. Mit Olivenöl einreiben und kräftig mit Salz und Pfeffer würzen. Abgedeckt im Kühlschrank für 1 Stunde ruhen lassen.

Den Grill auf einer Hälfte für ein direktes Grillen mit mittlerer Hitze einrichten. Das Fleisch über der direkten Hitze von allen Seiten anrösten.

Danach in den indirekten Bereich des Grills legen und dort bis zu einer Kerntemperatur von 63–65 °C gar ziehen. Die Knochen sollten dabei zur Glut zeigen, und etwas Räucherholz (hier passt sehr gut Olive oder Apfel) bringt eine weitere Geschmacksnote ins Spiel.

Das Fleisch sollte vor dem Aufschneiden und Servieren noch für ca. 10 Minuten an einem warmen Ort ruhen.

PORKBELLY ROAST

FÜR 10–12 PERSONEN

ZUTATEN

2–3 kg Schweinebauch
am Stück mit Schwarte
BBQ-Rub für Schwein
(z. B. Wiesel Pork Dust)
Salz

ZUBEREITUNG

Die Schwarte mit einem Messer einen Zentimeter tief einschneiden. Am besten die Schnitte so breit ansetzen, wie man später auch die Scheiben haben möchte. Die eingeschnittene Schwarte kräftig einsalzen.
Die anderen Seiten mit dem BBQ-Rub würzen.
Den Grill auf ein indirektes Grillen bei 135 °C einrichten.
Den Schweinebauch mit der Schwarte nach oben indirekt im Grill platzieren. Bei einer Kerntemperatur von ca. 85 °C den Braten vom Grill nehmen und ca. 10 Minuten an einem warmen Ort ruhen lassen.
In der Zwischenzeit den Grill auf ein direktes Grillen mit hoher Hitze vorbereiten. Die Schwarte über der direkten Hitze anrösten und aufpoppen, dabei immer wieder kontrollieren, dass nichts anbrennt.
Vor dem Anschneiden nochmal für 5 Minuten ruhen lassen.

DÖNER VOM DREHSPIESS

FÜR 6–8 PERSONEN

ZUTATEN

1 kg Skirtsteak oder Flapmeat
500 g Rinderhack
3 rote Zwiebeln
3 Knoblauchzehen
3 EL Olivenöl
1 EL Chiliflocken
1 EL Paprika, scharf
1 EL Cumin
1 EL Salz

ZUBEREITUNG

Das Skirtsteak und ca. 5 x 5 cm große Stück schneiden. Für die Marinade die Zwiebeln und den Knoblauch fein reiben und mit dem Olivenöl, dem Paprika, dem Cumin, den Chiliflocken und dem Salz vermischen. Das Hackfleisch und das geschnittene Steak zusammen mit der Marinade in eine Schüssel geben und alles gründlich miteinander vermengen. In einen Zipper-Beutel geben und verschlossen für 12–24 Stunden im Kühlschrank marinieren. Das Fleisch auf zwei stabile Spieße verteilen und gleichmäßig dicke Dönerspieße formen, gut andrücken und vor dem Grillen nochmal für eine Stunde im Kühlschrank ruhen lassen. Den Grill auf ein direktes Grillen mit hoher Hitze einrichten. Die Spieße über der Glut kräftig anrösten, dabei immer wieder drehen und wenden, um eine gleichmäßige Kruste zu erzeugen. Wenn das Äußere kross ist, kann man schon die erste Schicht dünn abschneiden. Danach wieder zurück auf den Grill, und wieder anrösten, dann abschneiden. So lange damit fortfahren, bis der Spieß aufgegessen ist. Klassisch mit Tzatziki und Salat im Brot oder auf einem Teller anrichten.

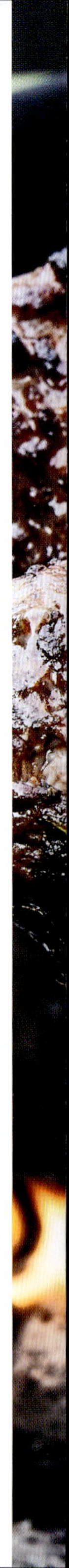

TOMAHAWK CAVEMAN STYLE

ZUTATEN

Tomahawk-Steak, ca. 4 cm dick
2 kg Zwiebeln
Salz & Pfeffer

ZUBEREITUNG

Im Grill oder einer Feuerschale ein ebenes Glutbett aus naturbelassener Holzkohle oder Hartholz einrichten und mit einem Stück Pappe die lose Asche vorsichtig herunter wedeln.
Dann das ungewürzte Steak direkt in die heiße Glut legen und dort für ca. 4 Minuten anrösten. Das Fleisch wenden und dabei an eine Stelle mit frischer Glut positionieren. Mit einer Zange eventuell anhaftende Glut von der angerösteten Seite entfernen. Wieder für ca. 4 Minuten anrösten.
Dann das Steak aus der Glut nehmen, anhaftende Glut entfernen und kurz beiseitelegen. Jetzt die ungeschälten Zwiebeln flächig auf der Glut verteilen und das Steak auf die Zwiebeln legen, um es dort garzuziehen. Das Steak ist fertig, wenn es eine Kerntemperatur von 56 °C (medium) erreicht hat.
Dann noch für 5 Minuten ruhen lassen, zwischendurch die Zwiebeln aus der Glut nehmen, die verbrannte äußere Schicht entfernen und das weiche Innere der Zwiebel mit dem Steak servieren. Das Steak aufschneiden und mit Salz und Pfeffer würzen.

SKORPION-STEAK
NACH EINER IDEE VON CHEF ERIC GEPHART

ZUTATEN

Tomahawk-Steak, mindestens 6 cm dick
Salz & Pfeffer

ZUBEREITUNG

Vom Knochen herkommend das Fleisch mit einem scharfen Messer bis zur Hälfte vom Knochen lösen. Das Tomahawk-Steak dann mittels eines Schmetterlingsschnittes bis zum Knochen auftrennen, aber am Knochen lassen. Jetzt zuerst beide Seiten auf dem Grill bei hoher direkter Hitze anrösten, dann den Schnitt öffnen und auch die inneren Flächen scharf anrösten. Danach das Steak aufgeklappt, mit dem Knochen noch oben (daher die angedeutete Skorpion-Optik) im indirekten Bereich des Grills platzieren und dort bis zu einer Kerntemperatur von ca. 56 °C (medium) ziehen lassen. Das Steak für 5 Minuten ruhen lassen, als Ganzes servieren, erst am Tisch in Scheiben schneiden und mit Salz und Pfeffer würzen.

ZUTATEN

Porterhouse-Steak, mindestens 4 cm dick
Green Sofrito, Rezept Seite 117

ZUBEREITUNG

Das Steak zuerst senkrecht, mit dem Knochen nach unten, über der direkten hohen Hitze des Grills scharf anrösten, danach auch die beiden Seiten des Steaks kräftig angrillen.
Das Steak dann in den indirekten Bereich des Grills platzieren, mit dem Knochen Richtung Glut, und dort bei möglichst geringer Hitze bis zu einer Kerntemperatur von ca. 56 °C (medium) ziehen lassen. Das Steak vor dem Servieren noch für ca. 5 Minuten ruhen lassen.

PORTERHOUSE MIT SOFRITO

TRAMONTINA
INOX STAINLESS
MADE IN BRAZIL

T-BONE MIT KRÄUTERBUTTER

ZUTATEN

T-Bone Steak
Kräuterbutter, Rezept Seite 125

ZUBEREITUNG RÜCKWÄRTS GRILLEN

Das Steak zuerst bei niedriger Hitze (ca. 120 °C) im indirekten Bereich des Grills bis zu einer Kerntemperatur von 55 °C ziehen lassen. Dann das Steak vom Grill nehmen, an einem warmen Ort 10 Minuten ruhen lassen und den Grill in der Zwischenzeit auf eine möglichst hohe Temperatur einstellen. Jetzt wird das Steak über der direkten Hitze kräftig von beiden Seiten je 1–2 Minuten angeröstet. Das Steak vom Grill nehmen und mit der Kräuterbutter servieren.

FLANK MIT PIMIENTOS

ZUTATEN

1 Flanksteak, 800–1000 g
400 g Pimientos de Padron
3 EL Olivenöl
Salz & Pfeffer

ZUBEREITUNG

Das Flanksteak über der direkten hohen Hitze des Grills von beiden Seiten jeweils 2 Minuten scharf angrillen. Dann in den indirekten Bereich des Grills legen, die Temperatur herunterregeln, und dort bis zu einer Kerntemperatur von 56 °C (medium) ziehen lassen.
In der Zwischenzeit eine geeignete Pfanne über der direkten Hitze platzieren und gut vorheizen. Wenn das Steak gar ist, vom Grill nehmen und für 5 Minuten ruhen lassen. Gleichzeitig in der Pfanne die Pimientos mit etwas Öl scharf anbraten. Sie sind nach ein paar Minuten bereits fertig und können mit etwas Salz gewürzt zum Steak serviert werden.

SKIRT STEAK

ZUTATEN

Skirt Steak (pro Person ca. 200–250 g)
Mojo Verde, Rezept Seite 124

ZUBEREITUNG

Das Steak von beiden Seiten jeweils 1–2 Minuten scharf über der direkten Hitze anrösten. Danach in den indirekten Bereich des Grills legen und dort bei möglichst geringer Hitze bis zu einer Kerntemperatur von 56 °C (medium) ziehen lassen. Das Steak dann noch für ca. 5 Minuten an einem warmen Ort ziehen lassen. Mit der Mojo Verde servieren.

RIB EYE MIT CHIMICHURRI

ZUTATEN

2 Rib Eye Steaks à 400–500 g
Chimichurri, Rezept Seite 125

ZUBEREITUNG

Den Grill auf ein direktes Grillen bei hoher Hitze einrichten. Die Steaks von beiden Seiten scharf anrösten, dann im indirekten Bereich des Grills platzieren und dort bis zu einer Kerntemperatur von 56 °C ziehen lassen. Vom Grill nehmen und vor dem Servieren für ca. 5 Minuten ruhen lassen.

MADE IN BRAZIL

RIB EYE ODER RUMPSTEAK, RÜCKWÄRTS GEGRILLT, MIT AIOLI

ZUTATEN

2 Steaks, à 400–500 g
Aioli, Rezept Seite 124

ZUBEREITUNG

Die Steaks zuerst bei niedriger Hitze (ca. 120 °C) im indirekten Bereich des Grills bis zu einer Kerntemperatur von 55 °C ziehen lassen. Dann vom Grill nehmen, an einem warmen Ort 10 Minuten ruhen lassen und den Grill in der Zwischenzeit auf eine möglichst hohe Temperatur einstellen. Jetzt werden die Steaks über der direkten Hitze kräftig von beiden Seiten jeweils 1–2 Minuten angeröstet. Vor dem Servieren nochmal für 2 Minuten ruhen lassen.

FILET SURF & TURF

ZUTATEN

Rinderfilet, ca. 800 g
400 g Scampi oder Garnelen
3 EL Olivenöl
2 Knoblauchzehen
2 Chilischoten
Salz & Pfeffer
Petersilie

ZUBEREITUNG

Das Filet zuerst über direkter hoher Hitze von allen Seiten scharf anrösten. Dann in den indirekten Bereich des Grills legen und dort bis zu einer Kerntemperatur von 56 °C (medium) ziehen lassen.

In der Zwischenzeit eine geeignete Pfanne über der direkten Hitze platzieren. Den Knoblauch fein hacken, die Chillis in feine Ringe schneiden. Das Öl in der Pfanne erhitzen, Knoblauch und Chili hineingeben und kurz anrösten. Dann die gewaschenen Garnelen dazugeben und mitrösten.

Mit Salz und Pfeffer würzen. Vor dem Servieren die gehackte Petersilie hinzufügen. Das Filet in Scheiben schneiden und ebenfalls mit Salz und Pfeffer würzen.

PIN WHEELS

ZUTATEN

2 Skirt Steaks à ca. 500 g
Salz & Pfeffer
zusätzlich:
kleine Holzspieße oder Zahnstocher

ZUBEREITUNG

Das Fleisch parieren und flach auslegen. Von beiden Seiten mit Salz und Pfeffer würzen. Die Skirt Steaks quer zur Faserrichtung wie eine Roulade aufrollen und mit Spießen fixieren.
In Portionen schneiden und im indirekten Bereich des Grills platzieren. Ein kleines Stück Räucherholz (z. B. Hickory oder Erle) in die Glut legen. Die Steaks bis zu einer Kerntemperatur von 54 °C ziehen.
Vom Grill nehmen und für ca. 10 Minuten ruhen lassen. In der Zwischenzeit den Grill auf eine möglichst hohe Hitze einregeln. Die Steaks dann von beiden Seiten kurz aber kräftig über der direkten Hitze anrösten.

IN & OUT BURGER ANIMAL-STYLE

ZUTATEN

600 g Rinderhack
4 Burgerbuns
½ Eisbergsalat
1 große Tomate
4 EL Senf
12 große Zwiebeln
4 Scheiben Cheddar
4 EL Mayonnaise
1 EL Ketchup
1 EL Gurken-Relish
Salz & Pfeffer
2 EL neutrales Öl

ZUBEREITUNG

Das Hackfleisch mit Salz und Pfeffer würzen und 4 Patties daraus formen. In einer Pfanne oder auf einer Griddleplatte mit etwas Öl von einer Seite 1–2 Minuten scharf anbraten.

Auf die obere Seite 1 EL Senf geben, wenden und ebenfalls 1–2 Minuten anbraten. Die Patties dann in den indirekten Bereich des Grills legen und medium garen. Kurz bevor sie gar sind, den Käse auflegen und schmelzen lassen.

In der Zwischenzeit die Zwiebeln in Ringe schneiden und ebenfalls mit etwas Öl anbraten. Aus der Mayonnaise, dem Ketchup und dem Gurken-Relish eine Sauce mischen. Die Buns aufschneiden und im Grill leicht aufbacken. Den Salat in feine Streifen schneiden.

Zum Anrichten zuerst etwas Sauce auf die untere Hälfte des Buns geben, dann den Salat, den Patty, die geschmorten Zwiebeln, eine Scheibe Tomate und nochmal Sauce hinzufügen. Abschließend den Deckel auflegen und servieren.

ZUTATEN

1200 g Rinderhack
4 Burgerbuns
1 Kopf Salat
8 Scheiben Bacon
8 Scheiben Cheddar
1 große Tomate
Salz & Pfeffer
200 g Schmelzkäse
100 g geriebener Cheddar
100 ml Sahne
4 Jalapeños
BBQ-Sauce

ZUBEREITUNG

Den Schmelzkäse, den geriebenen Cheddar und die Sahne in einem Topf zum Schmelzen bringen. Die Jalapeños in feine Ringe schneiden und dazugeben. 5 Minuten köcheln lassen und mit Salz & Pfeffer abschmecken. Die Schärfe lässt sich mit anderen Chilisorten nach eigenem Geschmack variieren.
Das Hackfleisch mit 10 g Salz würzen und 8 gleich große Patties formen. Die Patties auf dem heißen Grill beidseitig scharf angrillen. Dann in den indirekten Bereich des Grills legen.
Jeweils etwas Käsesauce und eine Scheibe Cheddar auf die Patties geben und schmelzen lassen. Das Fleisch medium garen. Den Bacon knusprig grillen. In der Zwischenzeit den Salat und die Tomaten schneiden.
Die Buns auf dem Grill antoasten. Zum Anrichten zuerst etwas Salat auf die untere Hälfte des Buns geben, dann jeweils 2 Patties, eine Scheibe Tomate und etwas BBQ-Sauce. Abschließend Bacon und den Deckel auflegen und den Burger mit einem Spieß sichern.

DOUBLE CHILI-CHEESE-BURGER

PORK BELLY SANDWICH

ZUTATEN

500 g fertig gegarter Schweinebauch ohne Schwarte
4 Burgerbuns
8 Salatblätter
BBQ-Sauce
eingelegte Gurkenscheiben

ZUBEREITUNG

Den Schweinebauch in 8 Scheiben schneiden und auf dem Grill von beiden Seiten angrillen. Dann für ca. 10 Minuten in den indirekten Bereich legen. In der Zwischenzeit die Buns aufschneiden und auf dem Grill toasten. Zum Servieren zuerst den Salat auf die untere Brötchenhälfte geben, dann den Schweinebauch, etwas BBQ-Sauce und die Gurkenscheiben, zuletzt den Deckel auflegen.

Vorschlag für ein Coleslaw-Rezept finden Sie auf Seite 118

PULLED-PORK-BURGER

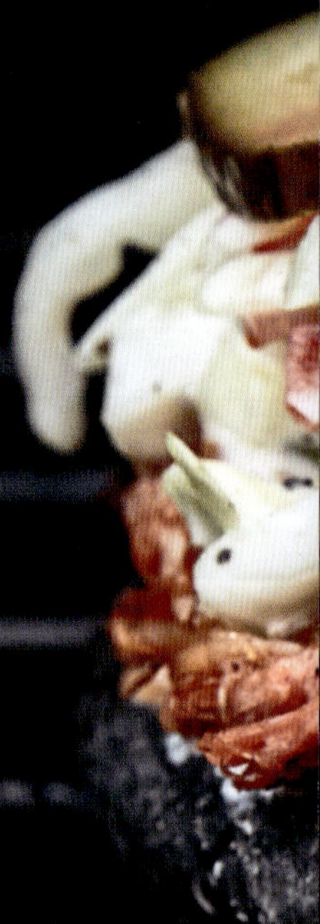

ZUTATEN

ca. 600 g fertiges,
noch heißes Pulled Pork
200 g Coleslaw
eingelegte Gurkenscheiben
BBQ-Sauce
4 Burgerbuns

ZUBEREITUNG

Die Buns aufschneiden und auf dem Grill toasten. Das Pulled Pork auf die unteren Hälften der Buns verteilen, dann etwas Coleslaw, BBQ-Sauce und ein paar Gurkenscheiben auflegen, mit dem Deckel abdecken.

CHOPPED-BRISKET-SANDWICH

ZUTATEN

ca. 500 g fertig gegarte,
noch heiße Scheiben Brisket
4 Burgerbuns
BBQ-Sauce
eingelegte Gurkenscheiben

ZUBEREITUNG

Die Buns aufschneiden und auf dem Grill toasten. Das Brisket auf die untere Hälfte des Buns legen, dann etwas BBQ-Sauce und die Gurkenscheiben daraufgeben. Den Deckel auflegen und heiß servieren.

ROASTBEEF-SANDWICH

ZUTATEN

1 Baguette oder Ciabatta
600 g Roastbeef, fertig gegart
½ Kopf Lollo Rosso
200 g Blauschimmelkäse
100 g Joghurt
Salz & Pfeffer
Petersilie
1 EL geriebener Meerrettich

ZUBEREITUNG

Aus dem Joghurt, 100 g Käse und dem Meerrettich eine glatte Sauce zubereiten, etwas gehackte Petersilie hinzufügen und mit Salz und Pfeffer abschmecken. Das Brot längs aufschneiden und die Innenflächen auf dem Grill anrösten. Dann etwas Sauce auf der unteren Hälfte verteilen. Den Salat auflegen, danach das in dünne Scheiben geschnittene Roastbeef, den Rest der Sauce und den restlichen, in Scheiben geschnittenen Käse. Den Deckel auflegen und in 4 Portionen aufteilen.

HOT & SPICY CHICKEN SANDWICH

ZUTATEN

1 Ciabatta oder Baguette
600 g ausgelöste Hähnchenkeulen oder Hähnchenbrust
3 EL Chicken-Rub (z. B. Texas Chicken von Ankerkraut)
½ Kopf Salat
150 g Mayonnaise
Salz & Pfeffer
4 Chilischoten (Schärfe nach eigenem Geschmack wählen)
Petersilie
2 Tomaten

ZUBEREITUNG

Das Hähnchenfleisch gleichmäßig mit dem Rub würzen und für 1 Stunde in den Kühlschrank legen. Dann das Fleisch über direkter, hoher Hitze im Grill von beiden Seiten anrösten. Danach in den indirekten Bereich des Grills legen und bis zu einer Kerntemperatur von 76 °C ziehen. Aus dem Grill nehmen und für 5 Minuten ruhen lassen. Das Fleisch in kleine Stücke schneiden (ca. 1 x 1 cm) und noch heiß mit der Mayonnaise und den in feine Ringe geschnittenen Chilischoten vermengen. Etwas gehackte Petersilie dazugeben und mit Salz und Pfeffer abschmecken. Bis zum Servieren warmstellen. Das Ciabatta längs aufschneiden und die Innenflächen auf dem Grill anrösten. Die Salatblätter auf der unteren Hälfte verteilen. Das Hähnchenfleisch auf den Salat geben, die in Scheiben geschnittenen Tomaten auflegen. Etwas frischen Pfeffer auf die Tomaten streuen. Zum Schluss den Deckel auflegen und in Portionen schneiden.

SMASHED BURGER

ZUTATEN

600 g frisches Rinderhack
4 Burgerbuns
Salz & Pfeffer
eingelegte Gurken in Scheiben
1 große Zwiebel
1 große Tomate
8 Salatblätter
BBQ-Sauce
Senf

ZUBEREITUNG

Das Hackfleisch mit 5 g Salz würzen und 4 gleichgroße Kugeln formen. Diese auf einer Griddle- oder Feuerplatte von einer Seite scharf anbraten und nach ca. 2 Minuten mit einem Steakgewicht oder einer Palette flachdrücken und fest auf die Platte drücken, um möglichst viele Röstaromen zu bekommen. Der Patty verliert dabei etwas seine runde Form, belohnt das aber mit intensiven Aromen. Dann wenden und die andere Seite scharf braten. Die Oberseite jetzt mit frisch gemahlenem Pfeffer würzen. Die Zwiebel und die Tomate in Scheiben schneiden. Die Buns aufschneiden und die Innenseiten anrösten. Zum Anrichten zuerst etwas Senf und den Salat auf die untere Hälfte des Buns geben, dann die Tomate, den Patty, die Zwiebeln und die Gurkenscheiben auflegen. Mit etwas BBQ-Sauce und dem Deckel abschließen.

CHICKEN

66-72

RIBS

74-78

TACOS & FAJITAS

80-84

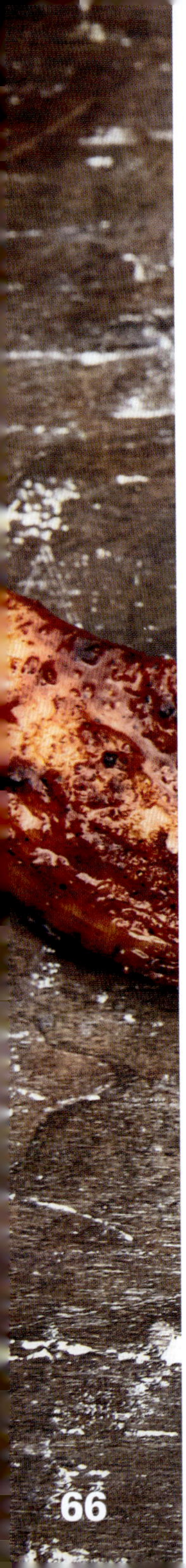

CHICKEN WINGS
SWEET & SPICY

ZUTATEN

2 kg Chicken Wings
BBQ-Rub für Chicken
(z. B. Texas Chicken von Ankerkraut)
Chilipulver
200 ml BBQ-Sauce
200 ml Ahornsirup

ZUBEREITUNG

Die Chicken Wings waschen, abtrocknen und von allen Seiten mit dem Rub würzen. Den Grill auf 180 °C und indirektes Grillen einregeln. Die Wings indirekt im Grill platzieren, mit der Hautseite nach oben. Die Garzeit beträgt, je nach Größe, 30–45 Minuten.
In der Zwischenzeit BBQ-Sauce, Ahornsirup und Chilipulver vermischen. Die Menge des Chilipulvers nach eigenem Geschmack bestimmen. Wenn die Wings gar sind, von beiden Seiten mit der Glace bestreichen und für weitere 5 Minuten in den Grill geben. Vor dem Servieren für 5 Minuten ruhen lassen.

Das Rezept für die Alabama White Sauce finden Sie auf Seite 124

SMOKED CHICKEN, ALABAMA WHITE SAUCE

ZUTATEN

8 Hähnchenschenkel (oder Schenkel mit Rückenstück, oder halbe Hähnchen, eigentlich geht jedes Hähnchenteilstück ...)
BBQ-Rub (z. B. Magic Dust von Ankerkraut)
500 ml Alabama White Sauce

ZUBEREITUNG

Das Hähnchen waschen und trockentupfen. Von allen Seiten mit dem Rub würzen. Den Grill auf indirektes Grillen bei 120 °C einrichten. Die Hähnchenteile in den indirekten Bereich legen, mit der Hautseite nach oben. Etwas Räucherholz (z. B. Hickory) in die Glut legen. Die Hähnchen im Grill belassen, bis eine Kerntemperatur von 78 °C erreicht ist. Dann mit der Alabama White Sauce bestreichen (noch besser ist eintauchen) und für weitere 5 Minuten in den Grill legen. Heiß servieren und zusätzlich Sauce zum Dippen in einer Schale dazu reichen.

SMOKED BACON-WRAPPED CHICKEN BREAST

ZUTATEN

2 große Hähnchenbrüste
20 Scheiben Bacon
2 Knoblauchzehen
50 g getrocknete Tomaten in Öl
10 Oliven
50 g Feta
Salz & Pfeffer
1 TL getrockneter Thymian
1 TL getrockneter Oregano
BBQ-Sauce

ZUBEREITUNG

Die Hähnchenbrüste mit einem Schmetterlingsschnitt aufschneiden. Den Bacon auf Backpapier auslegen, entweder Scheibe an Scheibe und leicht überlappend, oder als diagonales Baconnetz. Die Fläche muss breit genug sein für beide Brüste. Die aufgeschnittenen Brüste rundherum mit dem Rub würzen und auf dem unteren Ende des Baconnetzes auslegen, dabei die dünneren Enden überlappen lassen, um eine gleichmäßig dicke Rolle zu erhalten. Oliven, Feta, Knoblauch und Tomaten kleinhacken und mit den Kräutern zu einer krümeligen Paste verarbeiten. Das Ganze mit Salz und Pfeffer abschmecken. Die Paste mittig auf den aufgeklappten Brüsten verteilen. Dann alles eng aufwickeln und zu einer gleichmäßigen Rolle formen, das Backpapier hilft beim Wickeln. Stramm in das Papier einschlagen und für eine Stunde im Kühlschrank ruhen lassen. Den Grill, bzw. Smoker auf ein indirektes Grillen bei 125 °C einrichten. Die Hähnchenrollen in den indirekten Bereich legen. Etwas Räucherholz (z. B. Apfel oder Hickory) in die Glut legen. Die Rolle smoken, bis eine Kerntemperatur von ca. 60 °C erreicht ist. Dann die Rolle mit der BBQ-Sauce einpinseln und den Vorgang bei 70 °C Kerntemperatur wiederholen. Bei einer Kerntemperatur von 76 °C kann die Rolle vom Grill genommen werden und sollte vor dem Aufschneiden und Servieren für ca. 10 Minuten ruhen.

RÔTISSERIE-CHICKEN

ZUTATEN

2 ganze Hähnchen
BBQ-Rub (z. B. Texas Chicken von Ankerkraut)

ZUBEREITUNG

Die Hähnchen waschen und trockentupfen. Von innen und außen mit dem Rub würzen. Auf einen Drehspieß stecken und mit Hilfe der Krallen fixieren. Die Schenkel mit Kochgarn zusammenbinden, die Flügel mit Kochgarn am Körper fixieren, damit die nicht verbrennen. Den Grill auf 175 °C vorheizen, den Spieß in die Halterung stecken und den Drehmotor starten. Die Hähnchen bis zu einer Kerntemperatur von ca. 78 °C auf dem Grill belassen, dabei ständig drehen. Dann vom Grill und Spieß nehmen und servieren.

ANKERKRAUT
GESCHMACKSMANUFAKTUR
COCOCABANA
GRILLBRIKETTS

ST. LOUIS RIBS 3-2-1

ZUTATEN

St. Louis Cut Pork Ribs
(1 Lage Ribs reicht für 2–3 Personen)
BBQ-Rub
100 ml Apfelsaft
100 ml BBQ-Sauce
100 ml Ahornsirup

ZUBEREITUNG

Die Ribs aus der Packung nehmen und trockentupfen. Die Silberhaut von der Knochenseite entfernen. Dazu mit einem Löffelstiel die Haut ablösen und mit einem Küchenkrepp komplett herunterziehen.
Die Ribs von allen Seiten mit einem BBQ-Rub würzen. Den Grill auf ein indirektes Grillen mit niedriger Temperatur einrichten. Dafür links und rechts einen Kohlekorb mit unangezündeten Briketts füllen und mit wenigen glühenden Kohlen bedecken. In die Mitte des Grills eine Schale mit Wasser stellen und die Temperatur auf ca. 115 °C einregeln. Den Grill die ganze Zeit über bei dieser Temperatur – 115 °C – belassen. Etwas Räucherholz (z. B. Kirsche oder Hickory) in die Glut geben und die Ribs über der Schale positionieren, sobald der erste Rauch entstanden ist. Die Ribs für ca. 3 Stunden so im Grill belassen, nach 1 Stunde nochmals etwas Räucherholz in die Glut legen. Nach 3 Stunden die Ribs vom Grill nehmen und mit etwas Apfelsaft zuerst in Backpapier und dann dicht in Alufolie wickeln, dabei die Knochenseite nach oben legen und für weitere 2 Stunden zurück in den Grill geben. Nach den 2 Stunden die Ribs aus der Folie nehmen, dabei die angesammelte Flüssigkeit auffangen. Die Ribs wieder in den indirekten Bereich legen. In der Zwischenzeit die aufgefangene Flüssigkeit mit BBQ-Sauce und Ahornsirup mischen und im Grill erwärmen. Die Ribs nach ca. 30 Minuten mit der Mischung bepinseln, nach weiteren 15 Minuten das Ganze wiederholen. Nach 15 Minuten können die Ribs vom Grill genommen und gegessen werden.

BABY-BACK-RIBS HOT & FAST

ZUTATEN

Baby Back Ribs (pro Person 1 Lage rechnen)
BBQ-Rub (z. B. Sweet Apple Ribs von Ankerkraut)
Hot-Sauce (z. B. Tabasco oder Sriracha)
Sprühflasche mit Wasser

ZUBEREITUNG

Die Ribs aus der Packung nehmen und trockentupfen. Die Silberhaut von der Knochenseite entfernen. Dazu mit einem Löffelstiel die Haut ablösen und mit einem Küchenkrepp komplett herunterziehen. Die Ribs von allen Seiten zuerst mit der Hot-Sauce einreiben und dann mit einem BBQ-Rub würzen. Den Grill oder Smoker auf ein indirektes Grillen und ca. 150 °C einrichten. Im indirekten Bereich unter dem Rost eine Edelstahlschale mit Wasser platzieren. Die Ribs mit den Knochen nach unten über der Wasserschale auf den Rost legen. Etwas Räucherholz in die Glut geben (z. B. Apfel oder Kirsche) Für ca. 2,5 Stunden smoken, nach einer Stunde mit dem Wasser bespritzen, dann alle halbe Stunde wiederholen, bis die Ribs fertig sind. Wenn die Ribs eine Kerntemperatur von ca. 95 °C haben oder sich der Knochen vom Fleisch löst, können sie vom Grill genommen werden. Vor dem Servieren noch für 5–10 Minuten an einem warmen Ort ruhen lassen.

GRILLED LAMBRACKS

ZUTATEN

2 Lammkarrees
40 ml Olivenöl
2 Knoblauchzehen
1 TL Salz
1 TL Pfeffer
1 TL Chipotle-Pulver
1 EL getrockneter Thymian
1 EL getrockneter Oregano

ZUBEREITUNG

Den Knoblauch möglichst klein hacken. Mit dem Öl, den Kräutern und den Gewürzen vermischen. Die Lammkarrees von allen Seiten mit der Marinade einstreichen. Abgedeckt im Kühlschrank für mindestens 3 Stunden (oder über Nacht) marinieren. Den Grill auf ein indirektes Grillen mit 175 °C einregeln. Die Karrees im indirekten Bereich platzieren, die Knochen sollten in Richtung der Hitze zeigen. Wenn das Fleisch eine Kerntemperatur von 55 °C erreicht hat, vom Grill nehmen und vor dem Servieren noch für 5 Minuten an einem warmen Platz ruhen lassen.

SMOKED BRISKET TACOS

ZUTATEN

12 Maistortillas, Ø 100 mm
ca. 500 g fertig gesmoktes Brisket
1 Avocado
1 Salatherz
2 Chilischoten
BBQ-Sauce
Koriander
200 ml Mayonnaise
2 EL Hot Sauce

ZUBEREITUNG

Die Mayonnaise mit der Hot Sauce vermischen. Das heiße Brisket in kleine Stücke schneiden, mit etwas BBQ-Sauce vermischen und warmstellen. Avocado, Salat und Chilischoten in Streifen, bzw. Ringe schneiden. Die Maistortillas auf dem Grill von beiden Seiten kurz anrösten. Vom Grill nehmen und mit etwas Salat und Brisket füllen, etwas Mayonnaise darübergeben, die Avocado hinzufügen und nach Belieben mit Chili und Koriander würzen.

GRILLED PORK FAJITA

ZUTATEN

8 Tortillas, Ø 180 mm
400 g Schweinenacken
BBQ-Rub (z. B. Bang Boom Bang von Ankerkraut)
Friséesalat
1 Tomate
1 Schalotte
½ gelbe Paprika
1 Chilischote
1 Knoblauchzehe
3 EL Olivenöl
Salz & Pfeffer
1 Limette
Koriander
Mayonnaise

ZUBEREITUNG

Das Fleisch in ca. 1 cm dicke Scheiben schneiden und kräftig mit dem Rub würzen. Auf dem Grill über direkter mittlerer Hitze kräftig anrösten und garen. Für die Salsa die Tomate und Paprika in kleine Stücke schneiden, die Schalotte klein würfeln und die Chilischote und den Knoblauch fein hacken. Olivenöl und den Saft der Limette hinzufügen und die Salsa mit Salz, Pfeffer und grob gehacktem Koriander abschmecken. Das fertig gegarte Fleisch noch heiß in kleine Stücke schneiden. Die Tortillas auf dem Grill von beiden Seiten kurz anrösten. Die heißen Tortillas mit etwas Salat, Fleisch, Salsa und Mayonnaise belegen und einrollen.

CHILI-CHEESE PULLED PORK QUESADILLA

ZUTATEN

8 Tortillas, Ø 180 mm
400 g fertig gegartes Brisket (kann auch kalt sein)
200 g geriebener Cheddar
100 g Frischkäse
1–2 Chilischoten, Schärfe nach Geschmack
Pfeffer
50 g Cornichons

ZUBEREITUNG

Die Chilischoten und Cornichons in kleine Stücke schneiden. Cheddar mit dem Frischkäse vermischen, Chili und Cornichons dazugeben, unterrühren und mit Pfeffer abschmecken. Brisket in kleine Stücke schneiden. 4 Tortillas auf den Tisch legen, mit der Hälfte der Käsemasse belegen, das Brisket darübergeben und den Rest Käsemasse darüber verteilen. Mit den restlichen Tortillas abdecken. Auf dem Grill von beiden Seiten anrösten und erwärmen, bis der Käse geschmolzen ist. 2 Minuten ruhen lassen und zum Servieren in Viertel schneiden.

DUTCH OVEN

88–96

WÜRSTCHEN

98-100

WAS SONST NOCH LECKER IST

102-112

REDNECK BEANS

FÜR CA. 8 PERSONEN

ZUTATEN

250 g Bacon am Stück
250 g Kasseler
250 g Rinderhackfleisch
1 kg weiße Bohnen aus der Dose
500 g frische Tomaten
2 Gläser Perlzwiebeln
500 g Paprika (gemischt: rot, gelb & grün)
3 Frühlingszwiebeln in feinen Scheiben
2 rote Zwiebeln
2 Knoblauchzehen
200 g Lauch
200 g Sellerie
2 Karotten
4 Jalapeños
200 g brauner Zucker
3 EL BBQ Rub nach Wahl
500 ml Schwarzbier
100 ml Ahornsirup
100 ml BBQ-Sauce
30 g Schokolade, 70 % Kakaoanteil
3 EL neutrales Öl
etwas Sauerrahm nach Geschmack

ZUBEREITUNG

Kasseler und Bacon in ca. 1 x 1 cm große Stücke schneiden und zusammen mit dem Hackfleisch in einem heißen Dutch Oven in etwas Öl kräftig anbraten. Das Gemüse putzen, in kleine Würfel schneiden, zu dem angebratenen Fleisch geben und für ein paar Minuten mit anrösten. BBQ-Rub und Zucker hinzufügen, untermischen, gut umrühren und nach ein paar Minuten mit dem Schwarzbier ablöschen. Bohnen und Perlzwiebeln abgießen und mit in den Topf geben. Bei mittlerer Hitze für 2 Stunden mit geschlossenem Deckel köcheln lassen. Zwischendurch mehrmals umrühren und gegebenenfalls Flüssigkeit (Bier, Rinderfond oder Wasser) hinzufügen. BBQ-Sauce, Ahornsirup und Schokolade hinzufügen und gut umrühren. Abschmecken und mit etwas Sauerrahm und Frühlingszwiebel servieren.

KALBSBACKEN IN SCHWARZBIERSAUCE

FÜR CA. 4–6 PERSONEN

ZUTATEN

800 g Kalbsbäckchen
200 g Zwiebeln
100 g Karotten
100 g Knollensellerie
4 Knoblauchzehen
4 Lauchzwiebeln
2 EL Tomatenmark
500 ml Schwarzbier
500 ml Rinderfond
20 g Schokolade, 70 % Kakaoanteil
Salz & Pfeffer
Paprika edelsüß
30 ml neutrales Öl

ZUBEREITUNG

Das Öl im Dutch Oven erhitzen und die Kalbsbäckchen rundherum scharf anbraten. Wieder aus dem Topf nehmen und beiseitestellen. Das klein geschnittene Gemüse in den Topf geben und für ein paar Minuten anbraten. Dann das Tomatenmark hinzufügen und kurz mit anrösten. Mit dem Schwarzbier ablöschen und gut umrühren. Mit Salz, Pfeffer und Paprika würzen und die Bäckchen wieder mit in den Topf geben. Mit dem Fond aufgießen und verrühren. Den Deckel schließen und bei mittlerer Hitze für 2–3 Stunden köcheln lassen, zwischendurch kontrollieren und gegebenenfalls Flüssigkeit nachgießen. Wenn die Bäckchen weich sind, aus dem Topf nehmen und die Sauce durch ein Sieb streichen. Schokolade in die Sauce geben und abschmecken. Die Bäckchen in die Sauce legen und servieren.

CHILI BLANCO

FÜR CA. 4–6 PERSONEN

ZUTATEN

800 g ausgelöste Hühnerkeulen
200 g Lauchzwiebeln
1 große Zwiebel
4 Jalapeños
1 grüne Paprikaschote
400 g gekochte weiße Bohnen
2 Knoblauchzehen
1 EL Oregano
400 ml Hühnerfond
250 ml Sahne
200 g Frischkäse
100 g geriebener Cheddar
Salz & Pfeffer
1 TL Cumin
3 EL BBQ-Rub (z. B. Texas Chicken von Ankerkraut)
1 Bund Koriander
30 ml neutrales Öl

ZUBEREITUNG

Die Hähnchenteile mit dem Rub würzen und auf dem Grill von allen Seiten kräftig anrösten. In der Zwischenzeit das klein geschnittene Gemüse mit etwas Öl in einem heißen Dutch Oven scharf anbraten. Das Hähnchen vom Grill nehmen und in kleine Stücke schneiden. Das Gemüse mit dem Fond ablöschen und gut umrühren. Das Hähnchenfleisch und die Bohnen hineingeben und mit Salz, Pfeffer, Oregano und Cumin würzen. Mit geschlossenem Deckel bei mittlerer Hitze für 30 Minuten köcheln lassen. Dann den Frischkäse, die Sahne und den Cheddar hinzufügen und alles miteinander vermischen. Für weitere 15 Minuten kochen bis die Sauce eine cremige Konsistenz bekommen hat. Mit Salz und Pfeffer abschmecken und mit etwas Koriander servieren.

TEXAS CHILI

FÜR 4–6 PERSONEN

ZUTATEN

1 kg Rinderhackfleisch oder klein geschnittenes Rindfleisch
2 große Zwiebeln
4 Knoblauchzehen
200 g Poblano Chilis oder grüne Paprikaschoten
200 g Ancho Chilis oder grüne Paprikaschoten
100 g Jalapeños
1 Habanero Chili
1 EL Cumin
3 EL Paprika, süß
1 EL geräuchertes Paprikapulver
1 EL Chipotle-Chilipulver
1 EL Cayenne-Pfeffer
500 ml Bier
100 ml rauchige BBQ-Sauce
1 EL Salz
1 EL Pfeffer
3 EL Zucker
2 EL neutrales Öl
Sour-Cream oder geriebener Cheddar nach Geschmack

ZUBEREITUNG

Zwiebeln und Paprika klein schneiden und in Öl in einem Topf anbraten. Nach ein paar Minuten das Fleisch hinzufügen und kräftig anbraten. Chilischoten in kleine Stücke schneiden und mit in den Topf geben. Die Gewürze hineingeben und gut umrühren, nur kurz anrösten. Dann mit dem Bier ablöschen und die BBQ-Sauce dazugeben. Jetzt alles gut umrühren und für mindestens 2 Stunden (länger ist kein Problem) über geringer Hitze sanft köcheln lassen, gegebenenfalls Flüssigkeit (Wasser oder Rinderfond) hinzufügen. Heiß mit Reis oder Nachos servieren, nach Belieben mit Sour-Cream oder geriebenem Cheddar anrichten.

TIPP

Die verwendete BBQ-Sauce und die Schärfe der verwendeten Chilis beeinflussen stark den Geschmack und die Schärfe des Gerichts. Hier entscheidet der persönliche Geschmack. Besser erst etwas vorsichtiger würzen und nachträglich mit dem Chipotle und Cayenne den Schärfegrad anpassen.

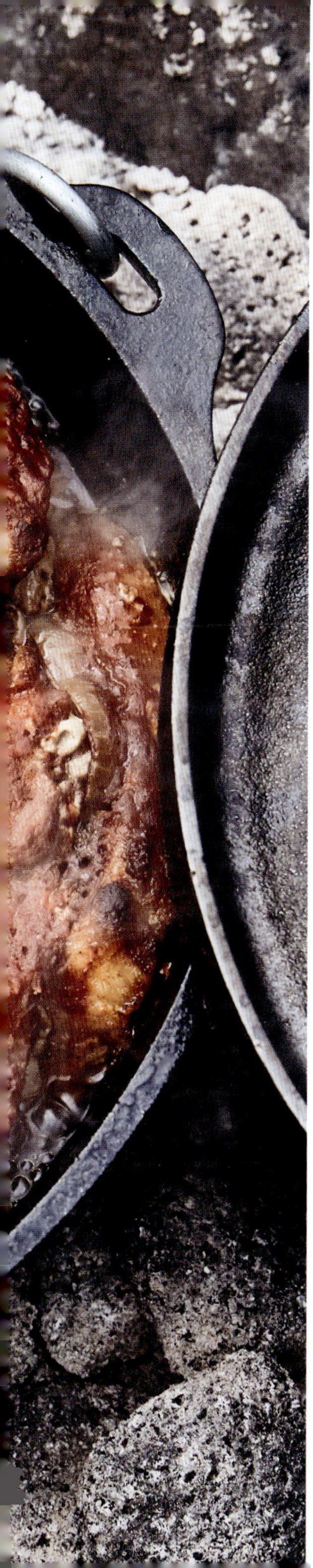

SCHICHT-FLEISCH

FÜR 8 PERSONEN

ZUTATEN

2 kg Schweinenacken in Scheiben
4 große Zwiebeln
100 g BBQ-Rub (z. B. Wieselpower oder Magic Dust von Ankerkraut)
200 g Bacon in Scheiben
250 ml BBQ-Sauce

ZUBEREITUNG

Das Schweinefleisch mit dem Rub würzen. Den Boden des Dutch Oven mit dem Bacon auslegen. Die ersten Scheiben Schweinenacken aufrecht an den Topfrand stellen, dann abwechselnd die in dicke Scheiben geschnittene Zwiebel und weitere Fleischscheiben in den Topf geben. Der Topf sollte so groß gewählt werden, dass alles stramm hinein passt. Die BBQ-Sauce darüber verteilen. Den Topf in die Glut stellen, etwas Glut auf den Deckel geben, so dass eine Temperatur von ca. 180 °C entsteht (Gebrauchsanweisung des DO beachten), oder in den auf 180 °C vorgeheizten Grill stellen.
Ca. 2 Stunden garen, bis das Fleisch butterweich ist, zwischendurch kontrollieren und gegebenenfalls die Temperatur anpassen. Heiß aus dem Topf servieren.

GRILLED HOT DOG

ZUTATEN

8 Hot Dog Buns
8 Hot Dog Würstchen
2 große Zwiebeln
BBQ-Rub (z. B. Magic Dust von Ankerkraut)
Senf
Ketchup
Mayonnaise
eingelegte Gurkenscheiben

ZUBEREITUNG

Zwiebeln schälen, in halbe Ringe schneiden und auf einer Gusseisenplatte oder in einer Pfanne in etwas Öl sanft anbraten.
Die Würstchen auf dem Grill direkt anrösten. Nach dem Anrösten mit BBQ-Rub bestreuen und indirekt aufwärmen.
Die Buns im Grill toasten, vom Grill nehmen, von oben einschneiden und die Wurst hineinlegen. Gurkenscheiben seitlich anlegen, nach Belieben Senf, Mayo und Ketchup hinzufügen und die geschmorten Zwiebeln als Topping auflegen. Dazu ein kaltes Bier reichen.

BACON-WRAPPED CHILI-CHEESE-SAUSAGES

ZUTATEN

8 frische Bratwürstchen, roh & grob
160 g Cheddar am Stück
16 Scheiben Bacon
Chilischoten nach Geschmack
BBQ-Sauce

ZUBEREITUNG

Die Würstchen auf ein Brett legen und von oben einschneiden, aber nicht durchschneiden. Den Cheddar in 8 Streifen und die Chilischoten in feine Ringe schneiden. Zuerst die Chiliringe und dann den Cheddar in die eingeschnittene Tasche der Wurst geben. Jede Wurst sorgfältig mit 2 Scheiben Bacon umwickeln.
Den Grill auf ein indirektes Garen bei 180 °C einrichten und etwas Räucherholz in die Glut legen. Die Würstchen in den indirekten Bereich legen und bis zu einer Kerntemperatur von 75 °C garen.
Dann die Würstchen vom Grill nehmen, nach Belieben mit einer BBQ-Sauce einstreichen und vor dem Servieren für 5 Minuten ruhen lassen.

KOTELETT VON DER MILCHKUH

ZUTATEN

ca. 400 g Kotelett pro Person
(Knochen und teilweise das Fett werden ja nicht mitgegessen)
Olivenöl
Salz
Pfeffer

ZUBEREITUNG

Fleisch aus dem Kühlschrank nehmen und mit Küchenkrepp abtrocknen. Den Grill auf ein indirektes Grillen bei ca. 120 °C einrichten. Das Fett mit einem scharfen Messer einschneiden.

Das Kotelett einölen, mit Salz würzen, in den indirekten Bereich des Grills legen und dort bis zu einer Kerntemperatur von ca. 57 °C ziehen lassen.

Vom Rost nehmen und den Grill auf ein direktes Grillen bei möglichst hoher Temperatur einstellen. In der Zwischenzeit das Kotelett an einem warmen Ort unbedeckt ruhen lassen. Das Fleisch jetzt von allen Seiten kräftig über der direkten Hitze anrösten.

Vor dem Servieren nochmal für 5 Minuten ruhen lassen und dann in Tranchen schneiden. Etwas Olivenöl über das Fleisch geben und mit Salz und Pfeffer würzen.

DRY AGED SCHWEINEKOTELETT

ZUTATEN

1 schönes Kotelett pro Person, mit Knochen und ca. 3 cm dick
Olivenöl
Salz & Pfeffer

ZUBEREITUNG

Die Schwarte an den Koteletts mit einem scharfen Messer leicht einschneiden.
Die Koteletts leicht einölen und über direkter, hoher Hitze von beiden Seiten kräftig anrösten und anschließend in den indirekten Bereich des Grills legen.
Die Temperatur im Grill so weit wie möglich reduzieren (auf ca. 120 °C).
Bei einer Kerntemperatur von ca. 65–70 °C (medium – medium-well) vom Grill nehmen und für 5 Minuten ruhen lassen. Zum Servieren mit Salz und Pfeffer würzen.

ZUTATEN

300 g Schweinefilet pro Person
BBQ-Rub für Schweinefleisch
(z. B. Wiesel Magic Pork von Ankerkraut)
Olivenöl
Salz & Pfeffer
Räucherplanke (z. B. Hickory
oder Kirsche)

GEPLANKTES SCHWEINEFILET

ZUBEREITUNG

Das Filet einölen und rundherum mit dem BBQ-Rub würzen. Abgedeckt für eine Stunde im Kühlschrank marinieren. Den Grill auf ein direktes Grillen bei einer Temperatur von ca. 150 °C einrichten. Die Räucherplanke für ca. 5 Minuten über der direkten Hitze platzieren. Sie muss nicht vorher gewässert werden! Vom Grill nehmen und die angeröstete Seite nach oben drehen. Auf diese Seite wird jetzt das Filet gelegt und so wieder im direkten Bereich des Grills platziert. Den Deckel schließen – sonst verbrennt die Planke und auch das Filet – und das Filet bis zu einer Kerntemperatur von 64–68 °C ziehen lassen. Das Fleisch bekommt ein sehr schönes und intensives Raucharoma. Vom Grill nehmen und vor dem Anrichten noch für ca. 5 Minuten ruhen lassen. Zum Servieren in dünne Scheiben schneiden und gegebenenfalls mit Salz und Pfeffer nachwürzen – aber vorher probieren ...

KALBS-TAFELSPITZ

ZUTATEN

1 Kalbs-Tafelspitz, ca. 1 kg schwer
2 EL Hot Sauce
BBQ-Rub für Rind
(z. B. Beef Booster von Ankerkraut)

ZUBEREITUNG

Den Tafelspitz (Fettauflage nicht wegparieren!) mit der Hot Sauce einreiben. Dann von allen Seiten mit dem Rub würzen. Abgedeckt für eine Stunde im Kühlschrank ruhen lassen.
Den Grill auf ein indirektes Garen bei 110–120 °C einrichten. Etwas Räucherholz (z. B. Hickory oder Erle) in die Glut legen. Sobald der erste Rauch entstanden ist, den Tafelspitz auf den Rost legen.
Bis zu einer Kerntemperatur von ca. 55 °C räuchern und garen. Vor dem Servieren für 5 Minuten ruhen lassen.

BY MOESTA

ENTE

ZUTATEN

1 Ente
2 große Zwiebeln
2 Äpfel
Salz & Pfeffer
1 Bund Thymian
1 Chilischote
BBQ-Rub (z. B. Magic Dust von Ankerkraut)

ZUBEREITUNG

Zwiebeln schälen und vierteln. Äpfel abwaschen und ebenfalls in Viertel schneiden, dann entkernen. Chilischote längs halbieren. Alles in eine Schüssel geben, den grob gehackten Thymian dazugeben und mit Salz und Pfeffer würzen.Die Ente von innen und außen gründlich unter kaltem Wasser abwaschen. Die vordere Seite der Ente mit Kochgarn verschließen, gleichzeitig die Schenkel der Ente an den Körper binden. Die Füllung in die Ente geben und das offene Ende ebenfalls zubinden. Die Ente von außen mit dem BBQ-Rub würzen.Den Grill auf ein indirektes Garen bei einer Temperatur von ca. 160 °C vorbereiten. Etwas Räucherholz (z. B. Apfel) in die Glut legen und die Ente auf den Rost legen. Nach 2–3 Stunden sollte die Kerntemperatur bei ca. 80 °C liegen. Vom Rost nehmen und vor dem Servieren für 10 Minuten an einem warmen Ort ruhen lassen.

BEILAGEN

114–122

SAUCEN & DIPS

124–125

RUBS

126–127

KNOBIBROT

ZUTATEN

1 Ciabatta oder Baguette
100 g selbstgemachte
Kräuterbutter (Rezept Seite 125)

ZUBEREITUNG

Das Brot von oben mehrfach nebeneinander zu $^{2}/_{3}$ einschneiden. Die Schnitte öffnen und jeweils etwas von der Kräuterbutter in den Zwischenraum geben. Indirekt im Grill bei 180–200 °C für ca. 10 Minuten aufbacken, bis die Butter geschmolzen und das Brot knusprig ist.

CHINAKOHL

ZUTATEN

800 g Chinakohl
1 Zwiebel
1 Chilischote
1 Knoblauchzehe
Olivenöl
Salz & Pfeffer
Muskatnuss
50 g Butter

ZUBEREITUNG

Zwiebeln, Chilischote und Knoblauch putzen und in kleine Stücke schneiden. In einer heißen Pfanne mit etwas Öl kräftig anbraten. Den Chinakohl längs vierteln, den Strunk entfernen und den Kohl in feine Streifen schneiden. Mit in die Pfanne geben und ebenfalls anrösten. Nach ein paar Minuten die Butter hinzufügen. Alles miteinander vermischen und mit Salz, Pfeffer und Muskat abschmecken. Der Kohl ist bereits nach insgesamt 10–15 Minuten fertig gegart und servierbereit.

MAC & CHEESE

ZUTATEN

400 g Hörnchennudeln
200 ml Sahne
200 g Frischkäse
100 g Cheddar
100 g Parmesan
1 Knoblauchzehe
50 g Butter
1 Chilischote
Salz & Pfeffer

ZUBEREITUNG

Die Nudeln in gesalzenem Wasser kochen. Eine feuerfeste Form im Grill erhitzen und die Butter darin schmelzen. Chili und Knoblauch hacken und in die Butter geben. Cheddar reiben und mit Sahne und Frischkäse vermischen. Die noch warmen Nudeln dazugeben und gut unterrühren. Mit Salz und Pfeffer abschmecken.
In die Auflaufform geben, verrühren und gleichmäßig verstreichen.
Den Parmesan reiben und auf den Nudeln verteilen. Bei ca. 180–200 °C indirekt im Grill für ca. 20 Minuten garen, bis der Parmesan knusprig ist.

GREEN SOFRITO

ZUTATEN

50 ml Olivenöl
2 Jalapeños
frischer Koriander
2 Knoblauchzehen
5 Frühlingszwiebeln
Salz & Pfeffer
Limettensaft
2 grüne Paprikaschoten
2 Stangen Staudensellerie
400 g grüne Tomaten
(z. B. Green Zebra)

ZUBEREITUNG

Das Gemüse in kleine Stücke schneiden und in einer heißen Pfanne mit dem Öl für 5 Minuten anschwitzen. Mit Salz und Pfeffer würzen und mit Limettensaft abschmecken. Die Pfanne vom Feuer nehmen, den gehackten Koriander hinzufügen und unterrühren. Das Gericht kann heiß und kalt serviert werden.

CREAMY COLESLAW

ZUTATEN

500 g Weißkohl
100 g Karotten
100 g Staudensellerie
½ Bund Petersilie
2 Frühlingszwiebeln
1 saurer Apfel
1 Chilischote
150 ml Joghurt
150 ml Mayonnaise
1 Limette
Salz & Pfeffer

ZUBEREITUNG

Joghurt und Mayonnaise in eine große Schüssel geben. Chilischote und Petersilie hacken und unterrühren. Weißkohl und Frühlingszwiebeln in feine Streifen schneiden. Apfel und Karotten grob raspeln. Staudensellerie in kleine Stücke schneiden. Alles in die Schüssel geben und gut vermischen.
Mit Salz und Pfeffer würzen und mit etwas Limettensaft verfeinern.
Für eine Stunde ziehen lassen und nochmals abschmecken.

BEILAGEN

SÜSSKARTOFFELSTAMPF

ZUTATEN

1 kg Süßkartoffeln
200 g Gorgonzola
Salz & Pfeffer
Muskat
½ Bund Schnittlauch

ZUBEREITUNG

Die Süßkartoffeln waschen und ungeschält indirekt im Grill für 1 Stunde bei ca. 180 °C garen. Die Kartoffeln vom Grill nehmen, wenn sie sich mit den Fingern leicht eindrücken lassen. Halbieren und mit einem Löffel das Fruchtfleisch entnehmen. In eine Schüssel geben und mit dem Gorgonzola vermischen. Den gehackten Schnittlauch hinzufügen und mit Salz, Pfeffer und Muskat abschmecken.

PARTY-BROT

ZUTATEN

1 rundes Weißbrot
250 g Pimento Cheese
(Rezept gegenüber-liegende Seite)

ZUBEREITUNG

Das Weißbrot von oben einschneiden, den Deckel entfernen und das Brot etwas aushöhlen, um Platz für den Pimento Cheese zu schaffen. Das Brot sternförmig einschneiden, aber nicht komplett trennen.
Den Pimento Cheese in einem Topf im Grill schmelzen und in das Brot füllen. Die Oberfläche des Brotes dünn mit geschmolzener Butter bestreichen. Das Brot bei ca. 180 °C indirekt im Grill für 10–15 Minuten backen.

PIMENTO CHEESE

ZUTATEN

150 g Frischkäse
150 g Cheddar
150 g Gruyère
100 g Mayonnaise
2 Jalapeños
2 Schoten Cayenne Pepper
1 TL Chipotle-Flakes

ZUBEREITUNG

Bei der Menge und der Wahl der Chilisorten kann man sich natürlich nach seinem eigenen Geschmack und Schärfeempfinden richten. Falls Kinder mitessen, einfach die Chilis durch Paprikaschoten ersetzen.
Die Chilischoten putzen und in kleine Stücke schneiden. Cheddar und Gruyère grob reiben. Mayonnaise, Frischkäse, Chili und Chipotle-Flakes in eine Schüssel geben und gut miteinander verrühren. Dann den grob geriebenen Käse vorsichtig unterrühren.
Pimento Cheese kann kalt und warm genossen werden.

RÖSTKARTOFFEL-SALAT MIT PESTO

ZUTATEN

1 kg kleine, festkochende Kartoffeln
je 1 rote und gelbe Paprikaschote
3 Lauchzwiebeln
1 milde Chilischote
100 g grünes Pesto (Rezept rechts)
50 g Walnusskerne
50 g Mayonnaise

ZUBEREITUNG

Die Kartoffeln gründlich waschen und in gesalzenem Wasser garkochen, abgießen und abkühlen lassen. Am besten kocht man sie bereits einen Tag vorher. Längs halbieren oder vierteln, mit Öl benetzen und indirekt im Grill bei 180 °C anrösten. Die Paprikaschoten putzen und in kleine Stücke schneiden. Die Chilischote und die Lauchzwiebeln in Ringe schneiden. Walnüsse grob hacken. Die heißen Kartoffeln in eine Schüssel geben, die restlichen Zutaten hinzufügen und alles gut miteinander vermischen. Der Salat schmeckt heiß und kalt.

GRÜNES PESTO

ZUTATEN

1 Bund Basilikum
3 Knoblauchzehen
60 g Pinienkerne
60 g Parmesan
150 ml gutes Olivenöl
Salz & Pfeffer

ZUBEREITUNG

Basilikum grob hacken, mit den Knoblauchzehen, Pinienkernen und etwas grobem Meersalz in einen Mörser geben und sorgfältig zu einer Paste verarbeiten. Nach und nach das Öl und den geriebenen Parmesan hinzufügen und untermischen. Mit Salz und Pfeffer abschmecken.
Für die Lagerung im Kühlschrank das Pesto in ein Schraubglas füllen und mit etwas Olivenöl bedecken.

ALABAMA WHITE SAUCE

ZUTATEN

400 ml Mayonnaise
100 ml Apfelessig
125 ml Apfelsaft
3 TL Meerrettich, frisch gerieben
2 TL Pfeffer
1 TL Salz
2 TL Zitronensaft
2 TL Cheyenne Pfeffer

ZUBEREITUNG

Alle Zutaten in eine Schüssel geben und gut miteinander vermischen. Die Sauce eignet sich gut zum Glasieren, als Dip oder als schnelles Dressing für einen Coleslaw.

BBQ-AIOLI

ZUTATEN

500 ml Mayonnaise
5 Knoblauchzehen
1 EL geräuchertes Paprikapulver
Salz & Pfeffer
1 Chilischote

ZUBEREITUNG

Die Knoblauchzehen und die Chilischote sehr fein hacken. Mit der Mayonnaise in eine Schüssel geben. Mit Salz, Pfeffer und Paprikapulver würzen und alles gut miteinander vermischen. Im Kühlschrank für eine Stunde ruhen lassen und vor dem Servieren nochmal abschmecken.

MOJO VERDE

ZUTATEN

1 grüne Paprika
2 grüne Chilischoten
1 Bund glatte Petersilie
½ Bund Koriandergrün
3 Knoblauchzehen
100 ml gutes Olivenöl
Salz & Pfeffer
1 Prise Zucker
Saft einer Limette

ZUBEREITUNG

Kräuter und Gemüse in feine Stücke schneiden, bzw. hacken und mit dem Öl vermischen. Zucker und Limettensaft hinzufügen und mit Salz und Pfeffer abschmecken.

KRÄUTER-BUTTER

ZUTATEN

250 g Butter
1 Knoblauchzehe
½ Bund Schnittlauch
½ Bund Petersilie
Salz & Pfeffer
1 milde Chilischote

ZUBEREITUNG

Kräuter, Knoblauch und Chilischote fein hacken und gründlich mit der Butter vermischen. Mit Salz und Pfeffer abschmecken.

CHIMICHURRI

ZUTATEN

1 Bund Petersilie
3 EL Thymian
3 EL Oregano
1 Lorbeerblatt
1 Knoblauchzehe
1 EL Paprikaflocken
1 kleine Zwiebel
1 Chilischote
Salz & Pfeffer
3 EL Olivenöl
1 EL Weißweinessig
1 EL Limettensaft

ZUBEREITUNG

Kräuter und Gewürze zusammen mit der Zwiebel und dem Knoblauch in einem Mörser zerdrücken, bis eine feine Paste entstanden ist. Olivenöl, Essig und Limettensaft dazugeben und kräftig abschmecken.

WASABI-MAYO

ZUTATEN

250 ml Mayonnaise
1 Knoblauchzehe
2 EL Wasabipaste (gut sortierter Supermarkt oder Asia Shop)
1 Spritzer Limettensaft
Salz & Pfeffer

ZUBEREITUNG

Mayonnaise und Wasabipaste in eine Schüssel geben. Knoblauch schälen und fein hacken oder pressen. Zur Mayo geben und alles gut miteinander vermischen. Mit Limettensaft, Salz und Pfeffer abschmecken.

PORK-RUB

6 EL brauner Zucker
2 EL Salz
4 EL Paprika edelsüß
1 EL schwarzer Pfeffer, geschrotet
1 EL Zwiebelpulver
1 EL Knoblauchpulver
1 TL Chilipulver
1 TL Oregano
1 TL Cumin

KRÄUTER-RUB

3 EL grobes Meersalz
2 EL Pfeffer, geschrotet
2 EL Estragon, getrocknet
2 EL Oregano, getrocknet
2 EL Dill, getrocknet
2 EL Thymian, getrocknet
2 EL Rosmarin, getrocknet
1 EL Knoblauchflocken

EINER FÜR ALLES

4 EL Paprika edelsüß
4 EL Salzflocken
4 EL brauner Zucker
2 TL schwarzer grober Pfeffer
1 EL Chilipulver
1 EL Cumin
1 EL Knoblauchgranulat
1 TL Senfpulver

CHICKEN-RUB

5 EL Paprikapulver edelsüß
3 EL Salz
2 EL schwarzer Pfeffer, frisch gemahlen
2 EL Zwiebelpulver
2 EL Knoblauchpulver
1 EL Oregano, getrocknet
1 EL Thymian, getrocknet
1 EL Cayennepfeffer

HOT & SPICY

2 TL Chilipulver
2 TL grobes Meersalz
2 TL brauner Zucker
2 TL Paprikapulver, geräuchert
1 Thymian, getrocknet
2 Knoblauchpulver
1 TL Cumin
1 TL Pfeffer, geschrotet

CAJUN-RUB

5 EL grobes Meersalz
3 EL schwarzer Pfeffer, geschrotet
2 EL Zwiebelgranulat
2 EL brauner Zucker
2 EL Thymian, getrocknet
1 EL Knoblauchgranulat
1 TL 1 EL Cayennepfeffer

BEEF-RUB

6 EL Meersalz
5 EL Pfeffer, grob zerstoßen
2 EL Oregano, getrocknet
2 EL Knoblauchgranulat
1 EL Cumin

DANK

Meinen Teamkollegen von den BBQ Wieseln danke
ich für die immer großartige gemeinsame Zeit,
die tollen Erfolge und den Spaß, den wir stets
miteinander haben, ob am Grill oder auf dem Weg dorthin.
Der größte Dank gilt Angela.
Immer mein Rückhalt, immer an meiner Seite.

... und meinen Unterstützern, die auch meinem Team
der BBQ-Wiesel zur Seite stehen

Ankerkraut | Moesta | Cococabana

Von links nach rechts: Thorsten Brandenburg, Gordon Narloch,
Alfons Wienen, Oliver Sievers, Klaus Breinig
beim Gewinn der Weltmeisterschaft 2017 im irischen Limerick.